Leserabe
3. Lesestufe

Manfred Mai

Leonie ist verknallt

Bilder von Markus Humbach,
überwiegend nach Vorlagen
von Birgit Rieger

Ravensburger Buchverlag

Bibliografische Information Der Deutschen Bibliothek:

Die Deutsche Bibliothek verzeichnet diese Publikation
in der Deutschen Nationalbibliografie.
Detaillierte bibliografische Daten sind im Internet
über **http://dnb.ddb.de** abrufbar.

**Die Schreibweise entspricht den Regeln
der neuen Rechtschreibung.**

3 2 04 05 06

Ravensburger Leserabe

Umschlagbild: Betina Gotzen-Beek
Umschlagkonzeption: Sabine Reddig
Redaktion: Denise Strauss
Printed in Germany
ISBN-3-473-36023-6

www.ravensburger.de
www.leserabe.de

„Hast du schon mal geküsst?“, fragt Antonia.
Maren nickt.
„Wirklich?“ Antonia ist überrascht. „Wen denn?“
„Meinen Papa“, antwortet Maren.
Antonia verdreht die Augen. „Das meine ich doch nicht. Ich meine, ob du schon mal einen Jungen geküsst hast.“
Maren kichert.
„Hast du nun, oder hast du nicht?“
„Spinnst du?“, fragt Maren und schüttelt heftig den Kopf.
Antonia schaut zu Leonie. „Und du?“

„Nö“, sagt Leonie nur. Sie mag darüber nicht reden. Aber Antonia fängt immer wieder davon an.
„Hast du denn schon einen geküsst?“, möchte Maren jetzt von Antonia wissen. Dabei kichert sie wieder.
„Fast“, sagt Antonia.
„Wie fast?“, hakt Maren nach.
„Gestern stand ich mit Moritz vorne neben Frau Schröders Tisch“, erzählt Antonia. „Da ist Frau Schröders Füller auf den Boden gefallen. Ich habe mich gebückt und Moritz auch. Dabei sind wir mit den Köpfen zusammengestoßen …“
„Das ist doch nicht geküsst“, unterbricht Maren ihre Freundin.
„Aber wir haben uns mit den Nasen berührt“, sagt Antonia.
„Das gilt nicht“, entgegnet Maren. „Man küsst doch nicht mit den Nasen. Und

wenn man zusammenstößt, gilt es sowieso nicht."
„Pah!", macht Antonia nur.
„Vielleicht will Moritz dich ja gar nicht küssen", sagt Maren.

„Doch, er will!", behauptet Antonia. „Das weiß ich. Er hat mich nämlich ganz lieb angeguckt, als wir mit den Köpfen zusammengestoßen sind. Obwohl es weh getan hat. Und er war auch kein bisschen sauer. Weil er in mich verliebt ist, ätsch!"

Leonie steht schweigend bei ihren Freundinnen. Sie hört das Gequatsche auch nur mit einem halben Ohr. Denn ihre Gedanken und ihre Augen sind ganz woanders: bei Florian.
Er jagt gerade mit ein paar Jungen hinter einem Tennisball her. Dabei wird Florian angerempelt und stürzt.
„Huch!“, ruft Leonie vor Schreck. Sie reißt Mund und Augen auf.
„Was ist denn los?“, fragt Antonia.
Leonie starrt zu der Stelle, wo Florian gestürzt ist. Sie kann ihn jedoch nicht sehen, weil die anderen Jungen ihn verdecken.
Antonia stößt Leonie an. „Siehst du Gespenster, oder was?“
„Lass mich in Ruhe!“, sagt Leonie und geht weg.
„Sag mal, spinnst du!“, ruft Antonia.

Aber das ist Leonie egal. Sie muss jetzt sehen, was mit Florian los ist. Als sie hinter den Jungen steht und sich lang macht, entdeckt sie Florian. Er hockt weinend am Boden und reibt sich das linke Knie. Leonie spürt, wie ihr flau im Magen wird. Am liebsten möchte sie neben Florian knien und ihn streicheln. Aber das traut sie sich nicht.
„He, kommt mal her!“, ruft Christian aus der vierten Klasse. „Da heult einer wie ein Mädchen!“
Als Christian sich vordrängeln will, um Florian zu sehen, stößt Leonie ihn weg.
„He, du spinnst wohl!“, ruft Christian, tritt nach Leonie und trifft sie am Bein.
Da stürzt sich Leonie auf ihn. Christian ist so überrascht, dass er viel zu spät reagiert. Und schneller als er denken kann, liegt er auf dem Boden.

Jetzt ist der weinende Florian nicht mehr interessant. Die Jungen und Mädchen drängeln sich um die beiden Kämpfenden.
„Gib's ihr!", ruft einer.
„Zeig's ihm!", ruft eine.
Maren will ihrer Freundin helfen, aber zwei Jungen halten sie zurück.
„Chris-ti-an! Chris-ti-an!", feuern ein paar Jungen ihn an.
„Le-o-nie! Le-o-nie!", halten die Mädchen dagegen.

Doch bevor der Kampf entschieden ist, kommt Herr Wegener und geht dazwischen. „Was soll denn das?“, fragt er. „Auf dem Schulhof prügelt man sich nicht. Und Mädchen schon gar nicht“, fügt er noch hinzu.

„Sollen wir uns vielleicht alles gefallen lassen?“, fragt Leonie wütend.

„Natürlich nicht. Aber Prügeln ist nicht die richtige Art, sich zu wehren“, meint Herr Wegener.

„Wehren?“, fragt Christian empört. „Sie hat doch angefangen.“

„Stimmt ja gar nicht!“, widerspricht Leonie.

„Klar stimmt's“, behauptet Christian. „Du hast mich geschubst, obwohl ich dir gar nichts getan habe.“

„Du hast Florian ausgelacht.“

„Na und? Geht dich das was an?“

„Ja!“, rutscht es Leonie heraus.

Da wird es einen Augenblick lang still.
Alle schauen Leonie an.
„Die ist ja in Flori verknallt!“, ruft Christian.
„Halt den Mund!“, schreit Leonie und tritt nach Christian.
„Jetzt reicht’s aber!“, sagt Herr Wegener scharf. „Du gehst zum Lehrerzimmer und wartest dort auf mich!“
Sofort rennt Leonie los und rempelt ein paar Schüler um. Sie ist froh, dass sie rennen kann und niemand ihre Tränen sieht.

Nach der Pause setzt Leonie sich an ihren Platz und guckt ins Lesebuch. Herr Wegener hat ihr eine Strafarbeit aufgebrummt: Ich soll mich auf dem Schulhof nicht prügeln. Doch die Strafarbeit ist Leonie egal. Schlimm ist, was Christian gerufen hat. Auch wenn es stimmt. Dass sie in Florian verliebt ist, geht die andern gar nichts an.

Antonia setzt sich neben Leonie und fragt leise: „Stimmt es?“

Leonie antwortet nicht.

Antonia lässt nicht locker. „Sag doch!“

„Nein!“, zischt Leonie.

„Das glaub ich nicht“, sagt Antonia.

„Dann glaub doch, was du willst!“ Leonie stellt ihr Lesebuch zwischen sich und Antonia auf den Tisch. Das macht sie immer, wenn sie nicht reden will.

Antonia ist beleidigt und schmollt. Auch das ist Leonie egal. Zur Zeit ist ihr sehr viel egal. Nur Florian nicht. Und der kommt eben ins Klassenzimmer gehumpelt.
Vor Leonies Tisch zögert er kurz, schaut sie an – und humpelt weiter.
Dieser Blick war anders als sonst. So hat Florian sie noch nie angeschaut. Nicht wie eine Mitschülerin, sondern wie ein Mädchen. Der kurze Blick macht es in Leonie warm und bubberig.

„Jetzt hab ich's gesehen", flüstert Antonia. „Er ist in dich verknallt."
Obwohl Leonie das gern hört, sagt sie nichts. Sie will jetzt nicht reden. Sie will mit ihren Gedanken allein sein. Aber das lässt Frau Schröder nicht zu. Sie erzählt etwas über Werbung und ruft Leonie zwischendurch zweimal auf. Zweimal weiß Leonie nicht, worum es geht.
„Leonie, du bist nicht bei der Sache", tadelt Frau Schröder sie. „Deine Gedanken sind ganz woanders."
Richtig, würde Leonie am liebsten sagen. Lassen Sie mich doch mit Ihrer doofen Werbung in Ruhe. Aber das traut sie sich natürlich nicht.
Ein paar Kinder drehen sich zu Leonie um und grinsen.
„Auch für dich ist es wichtig, über die Methoden und Tricks der Werbung

Bescheid zu wissen“, redet Frau Schröder weiter. „Wer die Tricks nicht kennt, fällt immer wieder darauf herein.“
„Jaja“, murmelt Leonie.
„Außerdem schreiben wir nächste Woche eine Klassenarbeit über das Thema“, sagt Frau Schröder. „An deiner Stelle würde ich schon deswegen aufpassen.“
Frau Schröder fährt mit dem Unterricht fort. Leonie setzt ihr aufmerksames Gesicht auf. Wer sie nicht genau kennt, würde glauben, sie hörte ihrer Lehrerin zu.
In Wirklichkeit ist Leonie jedoch mit ihren Gedanken wieder bei Florian. Er ist süß, der süßeste Junge in der ganzen Schule. Und wie er mich vorhin angeguckt hat! Ich glaube, Antonia hat Recht, er mag mich. Sonst hätte er mich nicht so angeschaut. Bestimmt nicht.
Ich schreibe ihm einen Brief und frage ihn,

ob er mich mag. Und ich schreibe ihm, dass er nicht traurig sein soll, weil er geweint hat. Ich fand's prima, dass er die Tränen nicht versteckt hat, wie das die meisten Jungen tun. Jungen dürfen genauso weinen wie Mädchen. Alle dürfen weinen, wenn ihnen etwas wehtut oder wenn sie traurig sind. Sogar Erwachsene. Mein Papa hat auch geweint, als ich mir den Arm gebrochen habe. Obwohl ihm das ja gar nicht wehgetan hat. Aber vielleicht hat es ihm innen drin wehgetan, im Herz. Dann muss man weinen. So wie ich vorhin auf dem Schulhof, als ich Flori weinen sah.
„Leonie!"
Leonie erschrickt.
„Kannst du mir sagen, wo uns die Werbung überall begegnet?", fragt Frau Schröder.

„Im Fernsehen, im Radio, im Kino, in Zeitungen und Zeitschriften, an Plakatwänden und in Werbeblättern“, rasselt Leonie herunter.
Frau Schröder staunt, denn damit hat sie nicht gerechnet. „Wenn du das noch einmal langsam wiederholst, können es die andern gleich mitschreiben.“
Als das geschehen ist, fragt Frau Schröder: „Wo begegnet uns Werbung noch?“
„Im Fußballstadion!“, ruft Marvin.
„Richtig“, bestätigt Frau Schröder. „Als Bandenwerbung in Sportstadien. Jetzt fehlt uns nur noch eines. Denkt mal an die großen Städte!“
„Leuchtreklame“, sagt Antonia.
„Prima!“ Endlich ist Frau Schröder zufrieden. Und für den Rest der Stunde lässt sie Leonie sogar in Ruhe.

Nach Schulschluss gehen Leonie, Antonia und Maren wie immer zusammen nach Hause, denn alle drei wohnen in der gleichen Straße.
Plötzlich sausen drei Jungen auf ihren Fahrrädern an den Mädchen vorbei. Es sind Moritz, Florian und Alexander. Wie auf Kommando bremsen alle drei so heftig ab, dass ihre Räder schlingern. Dann fahren sie zurück zu den Mädchen.

Florians Knie scheint überhaupt nicht mehr wehzutun.
Sie stehen sich gegenüber und wissen nichts zu sagen.
„Was ist denn nun?“, fragt Alexander und gibt Moritz einen Stoß.
Moritz stolpert über den Bordstein, lässt sein Fahrrad fallen und kann sich gerade noch an Maren festhalten.
„He, lass mich los!“, ruft Maren und drückt Moritz weg.
„Du bist wohl bescheuert!“, sagt Moritz zu Alexander.
„Von mir aus könnt ihr hier bis morgen stehen!“, meckert Alexander. „Ich fahre jetzt nach Hause.“
„Dann hau doch ab!“
Das tut Alexander auch.
Die andern stehen sich wieder eine Weile schweigend gegenüber.

„Wollt ihr mitfahren?“, fragt Moritz schließlich.
„Wir drei bei euch zwei?“, fragt Antonia zurück.
„Klar, das schaffen wir zwei doch locker.“
„Dein Rad hat ja nicht mal einen Gepäckträger“, stellt Maren fest.
„Das macht doch nichts“, meint Moritz. „Setzt sich eine von euch eben auf die Querstange. Und bei Flori sitzt eine hinten und eine auf der Stange. Schon ist das Problem gelöst.“
Maren schüttelt den Kopf. „Das ist mir zu gefährlich. Da laufe ich lieber.“
„Wir haben ja nur einen kurzen Weg“, sagt Leonie jetzt.
„Wenn ihr nicht wollt“, brummt Moritz.
Er steigt auf sein Rad und zischt ab. „Los, komm schon!“, ruft er Florian zu.
Und Florian fährt hinter Moritz her.

Die Mädchen gehen weiter.
Antonia stupst Leonie an. „Hast du gehört, sie wollten uns mitfahren lassen. Das tun sie doch nur, weil sie in uns verliebt sind."
„Hm", macht Leonie nur.
„Und wer ist in mich verliebt?", fragt Maren.
„Du musst eben einen in dich verliebt machen", meint Antonia.
„Wie denn? Soll ich vielleicht so machen?" Maren wackelt mit dem Hintern und klimpert mit den Augen.
„So ein Quatsch", sagt Leonie.
„Und wie hast du es gemacht, dass Flori in dich verliebt ist?", möchte Maren wissen.
„Ich hab gar nichts gemacht", entgegnet Leonie. „Ich weiß ja nicht mal, ob er wirklich in mich verliebt ist."
„Klar ist er", behauptet Antonia. „Genau wie Moritz in mich."

Maren kickt mürrisch einen kleinen Stein vor sich her.

„Nimm du doch den Alexander“, schlägt Antonia vor. „Dann sind drei Freundinnen in drei Freunde verliebt, das wäre doch super.“

„Den will ich nicht“, sagt Maren. „Der hat ja richtige Segelohren. Und sowieso ist er ganz doof.“
„Finde ich gar nicht“, widerspricht Antonia.
„Dann nimm du ihn doch!“ Maren kickt den Stein mit voller Wucht weg.
„Ich hab ja schon Moritz“, sagt Antonia.
Leonie ist froh, dass sie gleich zu Hause ist. Antonia geht ihr mit dem Gequatsche über Jungen ganz schön auf die Nerven.
„Was machen wir heute Nachmittag?“, fragt Antonia.
Leonie zieht die Schultern hoch. „Um halb drei muss ich zum Flöten.“
„Und ich hab Training“, sagt Maren.
„Wann?“
„Auch um halb drei.“
„Immer habt ihr irgendwas“, meckert Antonia. „Nie können wir zusammen etwas machen.“

„Stimmt doch gar nicht“, widerspricht Leonie. „Wir machen viel zusammen. Aber ich spiele eben gern Flöte und ich geh auch gern ins Turnen.“
Antonia grummelt vor sich hin. Maren geht schon weiter und Leonie verschwindet im Haus.

Heute ist Leonie froh, als die Flötenstunde zu Ende ist. Auf dem Heimweg sieht sie Florian mit einem Mädchen aus der Bäckerei kommen. Sie spürt einen heftigen Stich in der Brust. Damit Florian sie nicht entdeckt, versteckt sich Leonie hinter einem Auto.

Sie kennt das Mädchen an Florians Seite nicht. Wer ist denn die?, fragt sich Leonie. Und warum geht Flori mit der zum Bäcker? Vielleicht ist sie …
Nein, daran will Leonie gar nicht denken.

In sicherem Abstand verfolgt sie die beiden. Die scheinen sich gut zu verstehen. Sie reden und lachen die ganze Zeit miteinander. Am liebsten möchte Leonie weglaufen, aber sie schafft es nicht. Sie muss wissen, wohin die beiden gehen.

Es dauert nicht lange, dann stehen sie vor Florians Haus. Und beide gehen hinein. Leonie lehnt wie benommen an einem Baum. Sie kann noch gar nicht glauben, was sie eben gesehen hat. Aber sie hat es gesehen. Mit ihren eigenen Augen. Also stimmt es.

Leonie schleicht davon. Sie greift in die Jackentasche, da spürt sie den Brief, den sie für Florian geschrieben hat. Leonie zerreißt den Brief in viele kleine Schnipsel. Auf dem Weg nach Hause kommt ihr Antonia entgegen. Leonie will sich noch verstecken, aber Antonia hat sie schon gesehen.
„He, was ist los?“
„Nichts.“
„Du hast doch was“, sagt Antonia. „Ist es wegen Flori?“
Statt eine Antwort zu geben, rennt Leonie einfach davon. Sie rennt bis nach Hause. Ihr Herz hämmert, ihr Kopf glüht. Zu Hause schließt sie sich in ihr Zimmer ein, wirft sich aufs Bett und heult.
Es dauert nicht lange, da läutet das Telefon.
„Leonie!“, ruft Papa. „Telefon für dich!“

„Ich bin nicht da!“, ruft Leonie.
„Was soll denn das?“, fragt Papa.
„Natürlich bist du da!“
„Ich will aber nicht telefonieren!“
Wenig später ist Papa an der Tür. „Warum hast du abgeschlossen? Leonie, mach bitte die Tür auf!“
„Nein!“
„Leonie, was ist denn?“, fragt Papa besorgt. „Komm, mach die Tür auf.“
Leonie will nicht. Aber sie weiß, dass Papa keine Ruhe geben wird. Also öffnet sie.
„Warum schließt du dich denn ein?“
Leonie antwortet nicht. Sie wirft sich wieder aufs Bett und drückt den Kopf ins Kissen.
Papa setzt sich zu ihr und streicht ihr über den Rücken.
„Gibt’s Probleme in der Schule?“
Leonie schüttelt den Kopf.

ARTHUR

„Oder mit deinen Freundinnen?“
Wieder ein Kopfschütteln.
„Hast du etwas angestellt?“
„Nein!“
„Leonie“, sagt Papa leise, „was es auch ist, du weißt, wir können über alles reden.“
Reden? Als ob das etwas ändern würde, denkt Leonie.
Papa ist Lehrer und der Meinung, man könne über alles reden. Er will einfach nicht begreifen, dass Leonie manchmal nicht reden kann. Gerade wenn sie ein Problem hat. Und mit ihm schon gar nicht. Er weiß auf alle Fragen eine Antwort, hat für jedes Problem eine Lösung. Manchmal findet Leonie das prima, manchmal findet sie es schlimm. So wie jetzt. Und weil sie seine Antworten und Lösungen nicht hören will, schweigt sie.

Am nächsten Morgen lacht Florian Leonie zweimal an. Und er schenkt ihr in der großen Pause einen Kaugummi.

Jetzt weiß Leonie gar nicht mehr, was sie denken soll.

Florian kann doch nicht so nett zur ihr sein, wenn er mit einer anderen geht. Jetzt muss Leonie darüber reden. Sie erzählt ihren Freundinnen, was sie gestern gesehen hat.

„Ach, deswegen bist du gestern einfach weggerannt“, sagt Antonia. „Ich hab doch gleich gedacht, dass was mit Flori ist.“

„Soll ich ihn fragen, wer das Mädchen war?“, fragt Maren.

Leonie zieht die Schultern hoch.

„Ist sie hier in der Schule?“

Leonie schüttelt den Kopf. „Ich habe sie vorher noch nie gesehen.“

In diesem Augenblick läuft Alexander vorbei. Maren erwischt ihn gerade noch am Arm und fragt: „Weißt du, was für ein Mädchen gestern bei Flori war?“
„Lasst mich bloß mit euren dämlichen Liebesgeschichten zufrieden!“, brummt Alexander, macht sich los und läuft weiter.
„Blödmann!“, ruft Maren ihm hinterher.
Als die Pause zu Ende ist und die Schüler ins Schulhaus drängen, macht sich Maren an Moritz ran. „Weißt du, was für ein Mädchen gestern bei Flori war?“
„Kein so hübsches wie du“, antwortet Moritz.

„Hä?“ Maren bleibt stehen und guckt Moritz mit großen Augen an.
„Das war seine Kusine“, sagt Moritz.
„He, wollt ihr hier übernachten!“, meckert ein Junge hinter Maren und Moritz.
„Halt die Klappe, du Streber!“, kontert Moritz.
„Du kannst mich mal!“, sagt der Junge und drängelt sich zwischen Moritz und Maren hindurch.
Maren hält Ausschau nach Leonie. Sie ist mit Antonia weiter hinten und Maren muss gegen den Schülerstrom schwimmen, um zu ihr zu kommen.
„Er hat gesagt, ich sei hübsch“, platzt Maren heraus.
„Moritz?“, fragt Antonia völlig entgeistert.
„Das glaub ich nicht.“
„Dann frag ihn doch selbst.“
Leonie möchte wissen, ob er sonst nichts

gesagt hat. Maren gibt ihr einen liebevollen Knuff in die Seite. „Das Mädchen ist nur Floris Kusine.“
„Wirklich?“ Leonie strahlt Maren an. Sie hat sich also ganz umsonst verrückt gemacht. Florian geht gar nicht mit einer anderen.

Leonie will Florian einen Brief schreiben. Nicht erst, wenn sie zu Hause ist. Nein, in der Zeichenstunde. Und das tut sie auch. Als Frau Schröder nicht aufpasst, legt Leonie den linken Arm und die Hand so um ihr Blatt, dass Antonia und Maren nicht lesen können, was sie schreibt. Aber diesmal haben die beiden sowieso keine

Zeit zum Gucken. Denn sie schreiben selbst Briefe. Leonie schielt kurz nach rechts zu Antonia und sieht, dass sie an Moritz schreibt. Links neben Leonie sitzt Maren. „Lieber Moritz“ kann Leonie lesen und wundert sich. Wieso schreiben die beide an Moritz? Das geht doch nicht! Aber jetzt hat Leonie keine Zeit, darüber nachzudenken. Jetzt muss sie ihren Brief schreiben.

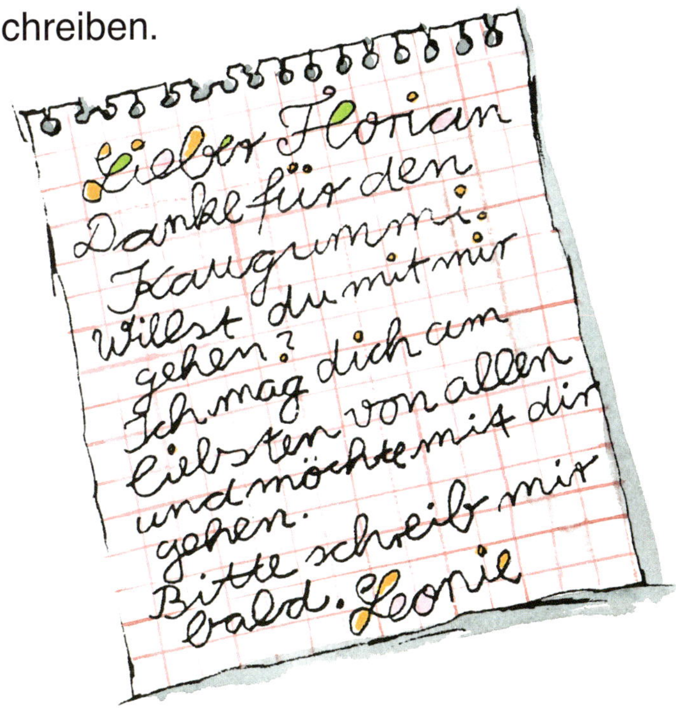

Damit Frau Schröder nichts merkt, schreibt Leonie nur das Wichtigste. Was sie Florian sonst noch alles sagen will, schreibt sie lieber zu Hause, wo sie mehr Zeit und Ruhe zum Schreiben hat.
Leonie faltet das Blatt zusammen. Frau Schröder spricht gerade mit Hasan. Da steht Leonie auf und geht nach hinten zu ihrem Fach. Im Vorbeigehen steckt sie Florian den Brief heimlich zu. Dann holt sie die Wasserfarben aus ihrem Fach und setzt sich wieder an ihren Platz.
Antonia ist fertig mit ihrem Brief und macht es genau wie Leonie. Maren schreibt noch. Dann faltet auch sie das Blatt zusammen und macht sich auf den Weg zu Moritz.
„Was ist denn das für ein Gerenne heute?“, fragt Frau Schröder und schaut Maren streng an.

„Ich … ich muss nur die Farbstifte aus meinem Fach holen“, sagt Maren.
„Ihr sollt eure Malsachen zu Beginn der Stunde holen“, sagt Frau Schröder. „Das wisst ihr doch.“ Sie lässt Maren nicht aus den Augen, so dass sie den Brief nicht abgeben kann.
„Blöde Ziege!“, murmelt Maren, als sie wieder neben Leonie sitzt.
Antonia grinst.
Während der Stunde gucken die drei Mädchen immer wieder zu den zwei Jungen nach hinten.
Alexander zeigt allen einen Vogel. Aber das ist ihnen egal.
In der kleinen Pause legt Florian sein Lesebuch vor Leonie auf den Tisch und geht wortlos weiter. Leonie schaut ihm verdutzt hinterher. Was soll sie denn mit seinem Lesebuch? Sie nimmt es und

blättert darin. Dabei rutscht ein Stück Papier heraus und fällt zu Boden. Es ist Florians Antwort. Leonie bückt sich und liest unter der Bank:

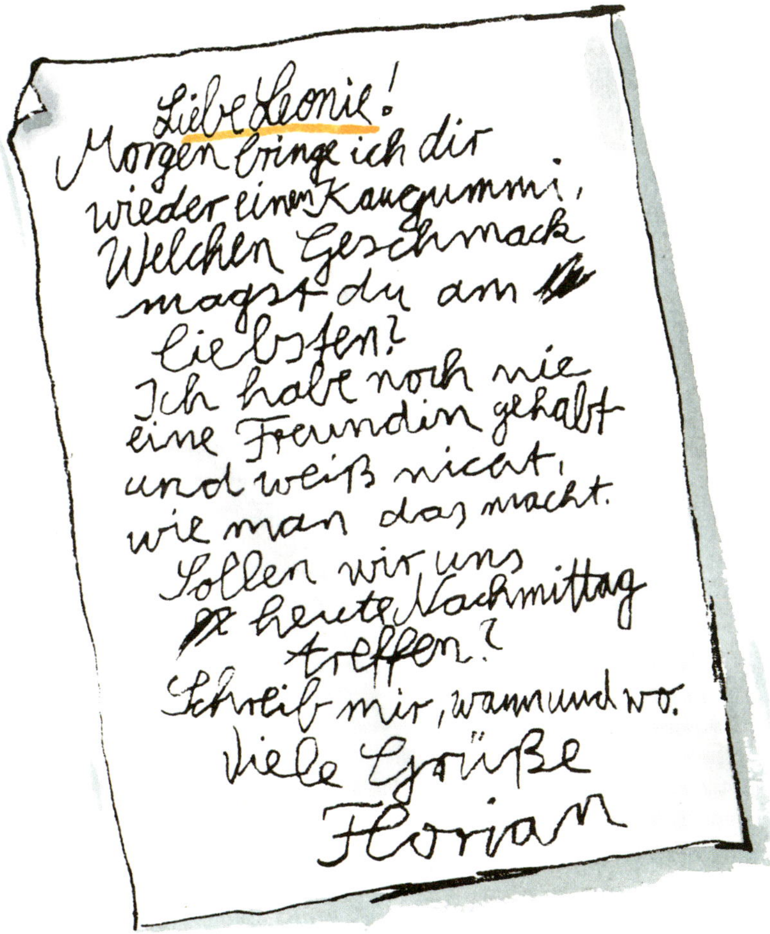

Leonie freut sich so, dass sie mit dem Hinterkopf gegen die Tischplatte stößt. Der Schmerz treibt ihr Tränen in die Augen. Gleichzeitig strahlt sie über das ganze Gesicht.
Antonia wartet vergeblich auf einen Brief von Moritz. Dafür drückt ihm Maren ihren Brief unauffällig in die Hand. Fast unauffällig. Nur Svenja hat es gesehen. Und schon ruft sie durch die Klasse: „Maren hat Moritz einen Brief gegeben. Maren ist in Moritz verliebt!"
„Sei still!", schreit Maren, läuft zu Svenja und hält ihr den Mund zu.
Aber Svenja reißt sich los und schreit noch lauter: „Maren ist in Moritz verliebt!"
„Halt die Schnauze, du Arschgesicht!", ruft Moritz.
„Das sag ich Frau Schröder."
„Was sagst du Frau Schröder?"

„Dass du Arschgesicht zu mir gesagt hast."
„Seit wann ist es denn verboten, die Wahrheit zu sagen?", fragt Moritz und grinst.
Ein paar Schüler lachen. Svenja weint.
Die Pausenglocke beendet die Pause.
Maren geht zu ihrem Platz.

„Du bist gemein!", zischt Antonia. „Ich bin nicht mehr deine Freundin!"
Leonie schaut von Antonia zu Maren und weiß nicht, was sie tun soll.

6

Zu Hause gibt es mal wieder „schnelle Küche“, wie Mama das nennt. Aber heute stört es Leonie kein bisschen. Sie hilft sogar freiwillig beim Tischdecken.
Mama wundert sich. „Was ist denn mit dir los? Hast du eine gute Note geschrieben?“
Leonie summt nur etwas vor sich hin.
Auch Papa wundert sich über Leonies gute Laune. Während er eine Gurke schält, sagt er: „Gestern warst du noch so traurig, dass dich niemand trösten konnte. Und heute strahlst du wie ein Honigkuchenpferd. Was hat sich denn inzwischen so Freudiges ereignet – wenn man fragen darf?“
„Du bist immer so neugierig“, sagt Leonie.
Papa schmunzelt. „Als Lehrer kann man nie genug wissen.“

„Du bist doch nicht mein Lehrer“, entgegnet Leonie.
„Leider“, sagt Papa. „So eine nette Schülerin hätte ich gern.“
„Nett?“, fragt Leonies Bruder Marcel, der eben in die Küche kommt. „Ich höre immer nett. Da muss ich wohl im falschen Haus sein.“
„Na, na, na!“, sagt Mama. „Begrüßt man so seine Familie?“
Statt zu antworten, guckt Marcel, was es zu essen gibt. „Ist das alles?“, fragt er, als er das Nudelfertiggericht in der Pfanne sieht.
„Wir sind alle eben erst nach Hause gekommen“, antwortet Mama. „Und die Heinzelmännchen sind leider ausgestorben.“
„Da kann ich ja gleich bei McDonald’s essen“, brummt Marcel.

„Aber so einen guten Gurkensalat wie hier bekommst du dort nicht“, meint Papa.
„Auch noch Gurkensalat!“ Marcel verzieht das Gesicht.
Mama stellt die Nudelpfanne auf den Tisch. „Bringst du noch Getränke?“, bittet sie Marcel.
„Der Apfelsaft ist leer“, sagt Marcel.
„Wer holt schnell eine Flasche?“, fragt Mama.
„Ich bin völlig k. o.!“, stöhnt Marcel und lässt sich auf seinen Stuhl plumpsen.
Leonie nimmt die leere Flasche. „Ich geh schon.“

Marcel wundert sich, denn sonst gibt es meistens eine lange Diskussion darüber, wer die Getränke aus dem Keller holen muss.

„Was ist denn mit der los?“, fragt er, als Leonie draußen ist.

„Ich hab doch vorhin gesagt, dass deine Schwester nett ist“, sagt Papa.

„Die geht freiwillig in den Keller“, murmelt Marcel ungläubig. „Das ist doch nicht normal.“

„Ich fände es sehr schön, wenn das normal wäre – auch für dich.“

Darauf sagt Marcel lieber nichts. Er nimmt sich einen großen Schlag Nudeln.

„Du, die andern möchten vielleicht auch noch etwas davon“, mahnt Mama.

„Ich hab aber Hunger.“

„Lass ihn nur essen“, sagt Papa. „Ich mag sowieso nicht viel.“

„Sonst wird das Bäuchlein zu dick, was“, neckt Marcel seinen Vater.
„Komm, komm!“, Papa zieht den Bauch ein. „Zweimal joggen, und das Kilo zuviel ist wieder weg.“
Marcel und Mama grinsen.
Leonie kommt mit dem Apfelsaft zurück, setzt sich und nimmt von dem Nudelgericht. Ihr scheint es zu schmecken.
„Darf ich mal raten, warum du heute so gute Laune hast?“, fragt Papa und kann sich dabei ein Grinsen nicht verkneifen.
„Bist du vielleicht verliebt?“
Leonie schaut in ihren Teller.
Marcel verschluckt sich und muss kräftig husten.
„Also Thomas!“, sagt Mama. „So etwas fragt man doch nicht.“
„Verliebt? Die?“, fragt Marcel, als er wieder reden kann. „Die ist ja noch ein Baby.“

„Und du bist ganz, ganz blöd!“, ruft Leonie. „Als ich so alt war wie du, wusste ich noch gar nicht, dass es zweierlei Menschen gibt.“
„Weil du blöd bist“, wiederholt Leonie.
„Weißt du es jetzt wenigstens?“, fragt Papa.
„Hähähä!“, lacht Marcel künstlich.
Dann entsteht eine kleine Pause. Alle vier tun so, als seien sie sehr mit ihrem Essen beschäftigt. Bis Marcel wieder zu sticheln anfängt: „Wer soll sich denn in die verlieben?“
Bevor Leonie loslegen kann, sagt Papa: „Unsere Leonie ist ziemlich hübsch. Und – jetzt sage ich es zum dritten Mal – nett ist sie auch.“
„Aber noch ein bisschen jung zum Verlieben“, findet Mama.
Papa räuspert sich. „Vielleicht stimmt

meine Vermutung auch gar nicht. Leonie hat ja noch nichts dazu gesagt."
Sie will auch nichts dazu sagen. Sie findet es doof und gemein, wie alle darüber reden. Deswegen steht sie auf und geht hinaus.

Kurz vor halb vier fährt Leonie zum Schwimmbad. Florian ist schon da. Er sitzt auf seinem Fahrrad und hält sich am Eingangstor fest.
„Hallo!“, sagt er zur Begrüßung.
„Hallo!“, sagt auch Leonie.
Dann gucken sie etwas hilflos in die Gegend. Beide wissen nicht, was sie jetzt tun sollen.
Florian fummelt an seiner Gangschaltung herum und wirft zwischendurch Blicke zu Leonie. Die hat am Lenker ein Stück Klebeband entdeckt, von dem sie Fitzelchen um Fitzelchen abreißt, so als sei das unheimlich wichtig. Dabei schielt sie immer wieder zu Florian.
„Sollen wir da reingehen?“, fragt er nach einer Weile.
Leonie nickt.

„Dann müssen wir rüberklettern.“ Florian lehnt sein Fahrrad gegen den Zaun, klettert auf das Tor und springt mit einem Satz hinunter.
Leonie folgt ihm. Sie springt, verliert das Gleichgewicht, und Florian hält sie fest. Einen Augenblick lang sind sie sich ganz nah. Dann weiß Florian nicht, wohin mit seinen Händen und lässt Leonie los.
Sie gehen an den Umkleidekabinen vorbei zum Becken. Es ist kein Wasser mehr drin.
„Sieht komisch aus ohne Wasser“, sagt Florian.
„Und ohne Leute“, ergänzt Leonie. „Im Sommer sieht alles ganz anders aus. Jetzt ist es hier fast ein wenig unheimlich.“
„Hast du Angst?“
Leonie schüttelt den Kopf.
Florian stellt sich ganz dicht neben sie. Dabei berühren sich ihre Hände. Beide

lassen die Hand wo sie ist und rühren sich nicht; beide schauen in das leere Schwimmbecken, als gäbe es dort etwas sehr Interessantes zu sehen.
Es ist schön, die Hand des anderen zu spüren. Das ist ganz anders, als wenn Mama oder Papa oder sonst jemand einen berührt oder streichelt. Viel wärmer und kribbeliger.

„Komm, wir schauen mal, wie es auf der Liegewiese aussieht“, sagt Florian plötzlich.
Sie laufen am Schwimmbecken entlang zur Liegewiese.
„So viel Platz hat man hier im Sommer nie“, sagt Leonie und tanzt über die Wiese.
Florian läuft zum Sandkasten, nimmt zwei Hände voll und lässt es Sand regnen.
„Hör auf!“, ruft Leonie und hält die Arme schützend über den Kopf.
„Das bisschen Sand tut doch nicht weh.“
„Aber meine Haare werden schmutzig.“
„Sie sind trotzdem schön“, sagt Florian.
Leonie nimmt die Arme vom Kopf und schaut Florian an. Der kommt langsam auf sie zu, greift in die Tasche und holt ein Päckchen Kaugummi heraus. „Magst du?“
Leonie nickt.

„Stimmt es, was du in dem Brief geschrieben hast?“
Wieder nickt Leonie. „Und du?“, fragt sie.
„Was?“
„Magst du mich auch?“
Jetzt nickt Florian. Er dreht das Päckchen Kaugummi immer noch in den Händen herum. „Und was müssen wir tun, wenn wir miteinander gehen wollen?“, fragt er. Nach einer kleinen Pause fügt er leise hinzu: „Müssen wir uns jetzt küssen?“

„Ich glaube schon“, antwortet Leonie. Sie macht einen kleinen Schritt auf Florian zu. Er macht auch einen kleinen Schritt. Jetzt sind ihre Köpfe so dicht beisammen, dass sich ihre Nasen fast berühren. Ein letztes Zögern noch, dann drücken sie ihre Lippen aufeinander. Nur ganz kurz.

„Jetzt sind wir richtig Verliebte“, sagt Leonie.
Florian zieht einen Kaugummi aus dem Päckchen und gibt ihn Leonie. Sie bedankt sich, schiebt den Kaugummi aber nicht in den Mund, sondern in die Tasche.
„Magst du den nicht?“
„Doch, aber … aber ich …“, stottert Leonie, „… ich möchte jetzt keinen Kaugummigeschmack im Mund.“
„Ich auch nicht“, sagt Florian.

Am Abend sitzt Papa wie immer an Leonies Bett und liest ihr eine Gute-Nacht-Geschichte vor.

„Auf einem Bauernhof lebte die Katze Mohrle“, beginnt Papa. „Sie war pechrabenschwarz und konnte Hunde nicht leiden. Auf dem gleichen Bauernhof lebte auch ein Hund namens Kläff. Er war ebenfalls pechrabenschwarz und bellte den lieben, langen Tag. Am lautesten bellte er, wenn Mohrle in seine Nähe kam, denn er konnte Katzen nicht leiden.“

„Papa“, unterbricht Leonie ihn, „das ist so langweilig.“

„Langweilig?“ Papa wundert sich. „Die Geschichten in dem Buch haben dir doch immer gut gefallen.“

„Ja schon, aber jetzt gefallen sie mir nicht mehr.“

„Ach, auf einmal?“, wundert sich Papa.
Leonie weiß nicht recht, was sie sagen soll. Sie findet, dass sie jetzt zu alt ist für solche Geschichten. Vielleicht ist sie überhaupt zu alt für Gute-Nacht-Geschichten. Die sind doch nur für kleine Kinder und sie ist doch kein kleines Kind mehr.
„Soll ich dir eine andere Geschichte vorlesen?“
Leonie schüttelt den Kopf.

„Also gut, wenn du schlafen willst.“ Papa beugt sich über sie und drückt ihr einen Kuss auf die Stirn. „Dann suche ich für morgen ein anderes Buch aus.“
„Nein“, rutscht es Leonie heraus.
Papa schaut Leonie an, als könne er nicht glauben, was er eben gehört hat. „Was heißt nein?“
„Ich möchte keine Gute-Nacht-Geschichten mehr.“
„Aber … aber ich …“ Papa schluckt. „… ich habe dir doch immer eine Geschichte vorgelesen.“
Leonie sagt nichts. Sie nimmt ihr Kuschelschweinchen und zieht sich die Bettdecke bis unters Kinn.
Papa dreht sich um und geht mit dem Buch in der Hand hinaus. Da tut er Leonie Leid. Sie drückt ihr Kuschelschweinchen fest an sich und flüstert ihm ins Ohr:

„Papa denkt immer noch, dass ich ein kleines Kind bin. Aber ich war heute mit Florian im Schwimmbad, und wir haben uns geküsst."
Leonie schließt die Augen. Sie denkt an den schönen Nachmittag mit den ersten zarten Berührungen. Dabei wird ihr wieder warm und bubberig. Mit diesem Gefühl schläft Leonie ein und träumt:

Sie fährt mit dem Fahrrad zum Schwimmbad, um sich mit Florian zu treffen. Aber Florian ist nicht allein. Moritz und Alexander sind bei ihm. Sie lümmeln vor dem Eingang herum.
Leonie zögert, dreht um, schaut noch mal zurück, sieht Florian winken, dreht wieder um und fährt zu ihm.
„Was willst du denn hier?", fragt Alexander. „Verschwinde, wir wollen keine Mädchen!"

„Lass sie in Ruhe!“, sagt Florian. „Leonie ist meine Freundin.“
„Dann heirate sie doch!“, ruft Alexander, schwingt sich auf sein Fahrrad und fährt weg.
Florian stellt sein Rad ab und nimmt Leonie an die Hand. „Komm, wir gehen hinein und schwimmen.“
„Und ich?“, fragt Moritz.
„Komm zu mir!“, rufen zwei Stimmen. Es sind die Stimmen von Antonia und Maren. Als Moritz die Stimmen hört, hält er sich die Ohren zu und radelt freihändig davon.
Florian und Leonie klettern über den Zaun, obwohl das Tor offen steht. Sie brauchen sich auch gar nicht umzuziehen, denn plötzlich hat Leonie einen Badeanzug und Florian eine Badehose an. Außer ihnen ist niemand im Schwimmbad und die beiden springen sofort ins Wasser. Sie tauchen

unter, schweben wie in Zeitlupe und winken sich zu. Dann schwimmen sie sich entgegen, spitzen die Lippen und küssen sich.

Florian nimmt Leonie auf den Arm und trägt sie. „Im Wasser bist du ganz leicht“, sagt er.
Leonie macht sich los und trägt Florian. „Du auch.“
Beim Sprechen steigen Luftblasen aus ihren Mündern. Das sieht lustig aus.

Florian lacht und macht ein Fischmaul. „Guck mal, wir sind Fische."
„Ich will kein Fisch sein", sagt Leonie und taucht auf. Florian versucht noch, sie festzuhalten, aber Leonie ist zu schnell. Sie schwimmt zur Treppe und rettet sich an Land.
„Gewonnen!", ruft sie. „Gewonnen!"
Sie läuft zur Liegewiese, doch Florian holt sie ein.
Beide wickeln sich in ein riesiges Badetuch, so dass ihre Körper ganz eng beieinander sind. Sie sehen, hören, riechen, spüren nichts mehr, nur noch sich. Bis plötzlich jemand an dem Badetuch zieht, und die beiden ans Licht rollt.
Es ist Papa. Er steht über den beiden und schüttelt vorwurfsvoll den Kopf.
„Dafür bist du noch viel zu jung", sagt er zu Leonie. „Komm mit mir nach Hause!"

Leonie möchte etwas sagen, bringt jedoch keinen Ton heraus.
„Komm mit mir!“, ruft Florian, nimmt Leonies Hand und rennt mit ihr zum Ausgang. Dort schnappt er sein Fahrrad. Leonie sucht ihr Rad, aber es ist verschwunden.
„Schnell, setz dich bei mir hinten drauf!“, sagt Florian. „Er kommt schon!“
Im letzten Augenblick können sie Papa entwischen. Florian tritt kräftig in die Pedale. Leonie schlingt die Arme um Florians Bauch und drückt den Kopf an seinen Rücken. Er riecht gut, wie … wie Kaugummi mit Himbeergeschmack.
Florian tritt immer schneller.
„Nicht so schnell!“, bittet Leonie.
Aber Florian hört nicht auf sie. Er strampelt wie verrückt. Die Bäume fliegen nur so vorbei.

„Florian, nicht so schnell!“
Es hat keinen Zweck, Florian fährt wie eine Maschine. Leonie kann sich nicht mehr an ihm halten und fällt runter.
„Florian!“, ruft sie und will hinter ihm herlaufen. Aber sie kommt nicht vom Fleck. Florian rast weiter und ist bald nicht mehr zu sehen.
„Florian!“, ruft Leonie noch einmal – und wacht auf.
Schwitzend und schwer atmend liegt sie im Bett. Sie knipst das Licht an und begreift, dass alles nur ein Traum war. Trotzdem spürt Leonie noch die Angst, ihr Herz klopft, und es dauert lange, bis sie ruhiger wird. Sie versucht, an die schönen Traumbilder zu denken, aber immer wieder schieben sich die letzten Bilder dazwischen. Florian rast davon, und sie kommt nicht von der Stelle.

Warum träume ich immer so dumme Sachen?, fragt sich Leonie.
Beim Nachdenken über diese Frage schläft sie wieder ein.

Am nächsten Morgen ist Leonie länger im Bad als sonst. Marcel neckt seine Schwester. „Willst du zu einem Schönheitswettbewerb? Dann musst du aber mindestens noch ein halbes Pfund Schönheitscreme ins Gesicht schmieren. Sonst hast du keine Chance.“
„Bäh!“ Leonie streckt ihm die Zunge raus.
„Iiiii!“, ruft Marcel. „Die sieht ja aus wie ein alter Lappen.“

„Du bist ein …“
„Das behältst du lieber für dich!“, fällt Papa ihr ins Wort. „Was ist hier eigentlich los? Andere Leute sollten vielleicht auch mal ins Bad.“
„Erst bin ich dran“, sagt Marcel. „Aber die motzt sich ja auf wie Claudia Schiffer.“
Leonie drückt sich an Marcel und Papa vorbei. Marcel hält sich die Nase zu und verdreht die Augen, als würde er gleich in Ohnmacht fallen.
Papa schnüffelt hinter Leonie her. „Das riecht nach Mamas Parfüm“, murmelt er und schüttelt den Kopf.
Leonie geht zur Garderobe und zieht ihre Jacke an. Dann holt sie ihr Pausenbrot aus der Küche.
„Leonie“, sagt Mama, „wieso bist du denn schon angezogen? Du hast doch noch gar nicht gefrühstückt.“

„Keinen Hunger."
„Aber Kind, du kannst doch nicht ohne Frühstück in die Schule."
„Doch!", sagt Leonie trotzig und geht hinaus.
Mama folgt ihr. „Wie riechst du denn?" Sie schnüffelt an Leonie. „Das ist … hast du etwa mein Parfüm benutzt?"
„Ja!", schreit Leonie, schnappt ihre Schultasche und läuft aus dem Haus.

Erst drei Häuser weiter bleibt sie stehen. „Die sind alle so doof!“, murmelt sie vor sich hin.
Obwohl Leonie etwas früher dran ist als sonst, wartet Maren schon vor dem Haus. Sie kommt Leonie sogar entgegengelaufen und ruft von weitem: „Er hat mir geantwortet!“
Weil Leonie noch in Gedanken versunken ist, versteht sie nicht gleich, was Maren meint.
„Moritz hat mir geschrieben, dass er in mich verliebt ist und nicht in Antonia“, erklärt Maren.
„Echt?“, fragt Leonie.
Maren nickt. „Willst du den Brief mal sehen?“
Bevor Leonie antworten kann, zieht Maren den Brief aus der Tasche und zeigt ihn Leonie.

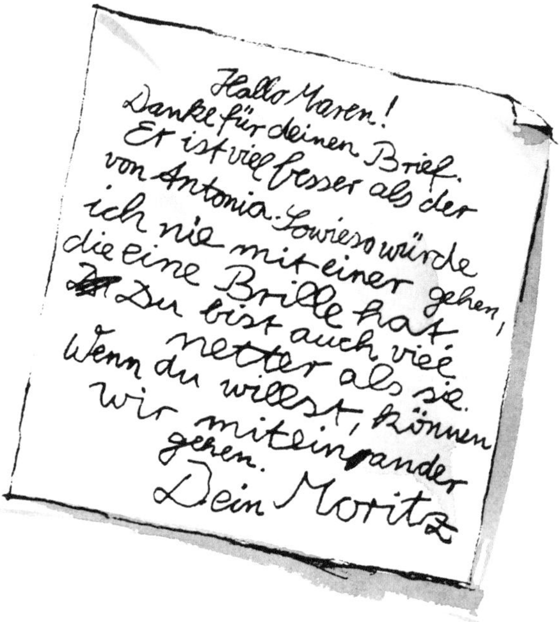

Leonie guckt Maren an. „Den Brief darfst du Antonia aber nicht zeigen, sonst ist sie beleidigt.“

„Ist doch nicht meine Schuld, wenn Moritz sie mit ihrer Brille nicht nett findet.“

„Versprich’s mir“, bittet Leonie.

„Also gut, ich verspreche es.“ Maren schwenkt den Brief durch die Luft und tanzt um Leonie herum. „Ich freu mich so! Ich freu mich so!“

Leonie freut sich genauso, wenn sie an Florian denkt. Aber nicht so laut wie Maren. Sie würde Florians Brief auch niemandem zeigen, nicht einmal ihren besten Freundinnen. Florians Brief gehört nur ihr, ihr ganz allein.

„Willst du lesen, was ich ihm zurückgeschrieben habe?“, fragt Maren.

Leonie schüttelt den Kopf. Doch das sieht Maren nicht.

„Hier“, sagt sie.

„Wie findest du ihn?“, fragt Maren.
„Schön“, sagt Leonie nur.
Maren ist so aufgedreht, dass sie nicht bemerkt, wie still Leonie ist.
Vor dem Haus von Antonia bleiben sie wie jeden Morgen stehen. Aber Antonia kommt nicht. Leonie geht zur Klingel und drückt kräftig drauf. Nichts rührt sich.

„Vielleicht ist sie schon weg“, sagt Maren.
„Glaub ich nicht.“
„Komm, wir gehen.“
„Die ist sauer, weil du ihr Moritz weggeschnappt hast“, meint Leonie.
„Hab ich ja gar nicht!“, wehrt sich Maren.
„Was kann denn ich dafür, wenn er in mich verliebt ist und nicht in sie?“
„So ein Mist!“, schimpft Leonie und knallt die Gartentür zu.
Auf dem Weg zur Schule kommen ihnen Florian, Moritz und Alexander entgegen.
Alle drei bremsen ab, dass die Reifen quietschen.
„Hey!“, rufen sie und starten schon wieder.
Auch auf dem Schulhof spielen sie sich auf, rennen wie verrückt herum, stoßen und schubsen dabei die Mädchen.
„He, spinnt ihr!“, ruft Maren.
Aber das ist den Jungen egal.

Leonie versteht das nicht. Wenn Florian bei anderen Jungen ist, verhält er sich ganz anders, als wenn er mit ihr zusammen ist. Richtig doof!
Sie hat sich so gefreut, ihn zu sehen. Aber der Schulhof-Florian ist nicht der Schwimmbad-Florian. Während Leonie noch über Florian nachdenkt, sieht sie Antonia und läuft sofort zu ihr. „Warum hast du denn nicht aufgemacht?"
„Mit der geh ich nicht mehr zur Schule", sagt Antonia und zeigt auf Maren. „Die ist nicht mehr meine Freundin."
„Ach komm." Mehr fällt Leonie dazu nicht ein.
„Und wenn du ihre Freundin bleibst, dann …" Antonia spricht den Satz nicht zu Ende.
Leonie dreht sich um und lässt Antonia stehen.

Die nächsten Tage sind ziemlich schwierig für Leonie. In der Schule sitzt sie zwischen Maren und Antonia, die sich nur noch angiften. Und jede möchte Leonie auf ihre Seite ziehen. Aber Leonie will sich nicht für eine entscheiden. Sie will mit beiden befreundet sein. Und sie will, dass die beiden auch wieder Freundinnen sind. So wie immer. Nur weiß sie nicht, wie sie das anstellen soll.

Mama merkt, dass Leonie etwas bedrückt und fragt behutsam nach. Zuerst weicht sie noch aus, doch plötzlich schießen ihr Tränen in die Augen. Mama nimmt sie in die Arme, und Leonie erzählt die ganze Geschichte.

Mama hört aufmerksam zu. Schließlich sagt sie: „Ich kenne das noch aus meiner Jugend. Deswegen bin ich auch ziemlich sicher, dass ihr drei bald wieder die besten Freundinnen sein werdet. Und weißt du auch warum?“ Mama erwartet keine Antwort auf diese Frage. Sie drückt Leonie fest an sich. „Weil ich oft erlebt habe, dass in diesem Alter Freundinnen wichtiger sind als Jungen.“

„Du denkst wohl auch, ich sei noch ein Baby!“

„O nein, mein Schatz, das denke ich nicht“, sagt Mama ruhig. „Aber was du zur Zeit erlebst, habe ich eben auch schon erlebt.“

Davon möchte Leonie jetzt nichts hören. Sie trottet in ihr Zimmer. Auf halbem Weg läutet das Telefon. Leonie macht sofort kehrt und hebt den Hörer ab.

Maren ist dran. „Moritz hat mir geschrieben, dass er nicht mehr mit mir gehen will.“
„Warum?“, fragt Leonie.
„Weil er küssen eklig findet und weil Mädchen sowieso doof sind. Auch die, die keine Brille brauchen.“
„Der spinnt wohl!“
„Von mir aus kann Antonia ihn haben“, sagt Maren. „Mit dem will ich nicht mehr gehen. Ich will überhaupt mit keinem mehr gehen. Die sind doch alle bescheuert!“
„Das stimmt nicht“, widerspricht Leonie.
„Klar stimmt's!“, behauptet Maren. „Die benehmen sich wie im Kindergarten. Alle, auch dein Flori.“
Leonie legt schnell auf.
„Wer war denn dran?“, fragt Mama.
„Niemand!“ Leonie läuft in ihr Zimmer.

Viele Gedanken wirbeln durch ihren Kopf. Flori ist nicht bescheuert, er ist lieb. Aber wenn er mit seinen Freunden zusammen ist, benimmt er sich genauso blöd wie die andern. Vielleicht hat Mama doch Recht. Aber Flori findet mich nicht doof, das weiß ich. Ich möchte mit ihm gehen und mit Maren und Antonia befreundet sein. Wenn Maren nicht mehr mit Moritz geht, kann sie ja wieder Antonias Freundin sein. Aber vielleicht will Antonia sie gar nicht mehr als Freundin, weil sie schuld ist, dass Moritz die Mädchen doof findet. Und wenn beide keine Freunde mehr haben, wollen sie mich vielleicht nicht mehr als Freundin, weil ich mit Flori gehe. Was mache ich dann?
Leonie legt sich aufs Bett und sucht nach Antworten auf die vielen Fragen. Papa wüsste bestimmt Antworten, Mama wahr-

scheinlich auch. Aber ihre Antworten will Leonie nicht hören. Jedenfalls jetzt nicht.

Leserätsel
mit dem Leseraben

Super, du hast das ganze Buch geschafft! Hast du die Geschichte ganz genau gelesen? Der Leserabe hat sich ein paar spannende Rätsel für echte Lese-Detektive ausgedacht. Mal sehen, ob du die Fragen beantworten kannst. Wenn nicht, lies einfach noch mal auf den Seiten nach. Wenn du die richtigen Antwortbuchstaben in die Kästchen auf Seite 91 eingesetzt hast, bekommst du das Lösungswort.

Fragen zur Geschichte

1. Warum läuft Leonie weinend weg? (Seite 11)

L : Weil die anderen merken, dass sie in Florian verknallt ist.

B : Weil Herr Wegner mit ihr schimpft.

2. Wer schreibt einen Brief an Moritz? (Seite 37)

E : Maren und Antonia.

I : Leonie.

3. Wieso wundert sich Marcel über seine Schwester? (Seite 47)

O: Weil sie freiwillig in den Keller geht.

I: Weil sie so viel Nudeln isst.

4. Wieso möchte Leonie nicht, dass Florian Sand regnen lässt? (Seite 56)

S: Weil das wehtut.

N: Weil ihre Haare schmutzig werden.

5. Wieso möchte Leonie keine Gute-Nacht-Geschichte hören? (Seite 61)

I: Sie findet sich zu alt für Gute-Nacht-Geschichten.

R: Sie will lieber fernsehen.

6. Wieso will Moritz nicht mehr mit Maren gehen? (Seite 86)

E: Weil er küssen eklig findet.

T: Weil er jetzt mit Antonia befreundet ist.

Lösungswort:

1 L	2 E	3 O	4 N	5 I	6 E

Rabenpost

Super, alles richtig gemacht! Jetzt wird es Zeit für die RABENPOST.
Schicke dem LESERABEN einfach eine Karte mit dem richtigen Lösungswort. Oder schreib eine E-Mail.
Wir verlosen jeden Monat 10 Buchpakete unter den Einsendern!

An den LESERABEN
RABENPOST
Postfach 20 07
88190 Ravensburg
Deutschland

leserabe@ravensburger.de
Besuche mich doch auf meiner Webseite:
www.leserabe.de